LETTRE

IMPARTIALE

SUR L'EDIT DES PROTESTANS,

A M. LE COMTE DE***

Non in spiritu Dominus. . . . . non in commotione Dominus. . . . . . non in igne Dominus, & post ignem, sibilus auræ tenuis; quod cùm audisset Elias, operuit vultum suum pallio.

Le Seigneur n'étoit point dans ce vent impétueux, ... le Seigneur n'étoit pas dans ce tremblement de terre, ... le Seigneur n'étoit point dans ce feu; après le feu, on entendit un soufle léger, ce qu'Elie ayant entendu, il se couvrit de son manteau. *Liv. 3 des Rois, chap. 19, vers. 11, 12, 13.*

LETTRE

IMPARTIALE

SUR L'ÉDIT DES PROTESTANS.

Vous m'engagez, M. le Comte, à mettre par écrit les motifs qui me perſuadent que l'on doit accorder aux Proteſtans, & généralement à tous ceux qui ſont étrangers à l'Egliſe, l'objet de leur demande.

J'y ſouſcris avec plaiſir, & dans la diſpoſition bien ſincere de changer de ſentiment, ſi d'une part mes raiſons ne ſont pas convaincantes : & de l'autre, ſi la réfutation des objections que vous m'oppoſez n'eſt pas victorieuſe.

Avant que d'entamer cette diſcuſſion importante, me permettrez-vous, M. le Comte, une réflexion préliminaire ?

Elle n'eſt ni nouvelle ni ſaillante ſans doute, mais on n'en fait pas toujours aſſez d'uſage dans la diſpute : c'eſt que *la maniere de propoſer une queſtion, en décide aſſez ordinairement l'accueil bon ou mauvais.*

Appliquons cette réflexion : doit-on accorder aux Proteſtans, & généralement à tous les a-Catholiques l'état civil ?

C'eſt ainſi que cette queſtion ſe préſente dans tous les Ecrits que j'ai lus ſur cet objet ; c'eſt ainſi que cent fois je l'ai entendu diſcuter dans le monde ; & c'eſt ainſi que vous-même me l'avez propoſée.

De-là nombre de ſophiſmes, & autant de lieux communs ſur les graces que l'on doit accorder ou refuſer aux non-Catholiques; de-là mille réflexions ameres ſur leur conduite paſſée, mille anecdotes douteuſes ſur leur conduite préſente, mille pronoſtics ſiniſtres ſur leur conduite future, mille aſſertions au moins équivoques ſur la perſévérance de leur doctrine indépendante, anti-monarchique, &c.

Mais cette queſtion n'eſt pas celle qu'il faut diſcuter. Non ; il ne s'agit pas d'ac-

(5)

corder aux a-Catholiques une grace, moins encore de leur donner un état civil, dans toute la rigueur du terme, le droit général de participer à tous les priviléges, à toutes les charges, & à toutes les diſtinctions excluſivement réſervées aux citoyens Catholiques. Ce n'eſt ni l'objet de l'Edit, ni celui de la demande des Proteſtans, ni celui des Catholiques modérés, ſur leſquels, aux yeux du moins de certaines perſonnes vives & prévenues, une opinion moins ſévere, non pour la doctrine, mais pour la perſonne des Proteſtans, répand une eſpece de défaveur.

Rétabliſſons nettement l'Etat & les termes de la queſtion.

Les Proteſtans ne demandent ni graces ni priviléges.

Quel eſt donc enfin l'objet de leur ſupplique ?

Ils conjurent le Roi de faire ceſſer à leur égard l'injuſtice la plus révoltante.

Ils le fupplient de ne pas les laiffer plus long-temps dans la funefte alternative du *parjure, ou de l'infamie.*

Vous voyez, M. le Comte, que fous cet afpect, la queftion change infiniment. En la ramenant à fa véritable expreffion, tombent pour jamais ces differtations éternelles, fur leurs excès paffés que perfonne n'ignore, fur leurs follicitations futures que perfonne ne redoute, fur leur union préfente avec le Philofophifme & le Janfénifme, à laquelle perfonne ne croit, fur la fageffe de Louis XIV & du Duc de Bourgogne, que perfonne ne révoque en doute, fur les craintes & les gémiffemens de l'Eglife & du Souverain Pontife, qui ne font point allarmés, fur ces volcans préparés & menaçans, qui n'exiftent que dans l'imagination de ceux qui les forment fi gratuitement.

En un mot, exifte-t-il des motifs fuffifans, pour n'accorder aux Proteftans qu'une exiftence précaire, contradictoire, *infáme ou parjure?*

Voilà l'état de la question actuelle, voilà l'objet, non de la demande, proprement dite, des Proteſtans, mais de leur réclamation.

La queſtion préliminaire ainſi établie, il me reſte à prouver. 1°. *Que l'état actuel des Proteſtans eſt celui d'une véritable perſécution.*

2°. *Que le Roi, comme légiſlateur ſuprême, peut y remédier.*

3°. *Que le Roi, au même titre de légiſlateur, & comme pere de tous ſes Sujets, le doit.*

4°. *Que c'eſt contre l'intention de Louis XIV, que cette perſécution ſubſiſte depuis cent deux ans.*

5°. *Que c'eſt l'intérêt de l'humanité.*

6°. *Que c'eſt celui de l'Etat.*

7°. *Que c'eſt celui de la Religion.*

8°. *Que c'eſt celui des Paſteurs du premier & du ſecond Ordre.*

9°. *Que c'eſt celui des Magiſtrats.*

10°. *Que c'eſt enfin celui de tous les*

A iv

Catholiques vivans dans les Etats livrés à l'erreur.

Après avoir laconiquement, mais suffisamment établi ces différens points, nous discuterons les objections que l'on y oppose. Si nos assertions sont fondées ; si la réfutation du système opposé est victorieuse, on ne pourra qu'applaudir à la bonté du Souverain, auquel on ne présente pas sans succès le plan d'un bien à opérer, ou d'un abus à proscrire. A la sagesse & au zele des Ministres, les dignes organes de sa justice & de sa bienfaisance ; à la prudence du Parlement, qui a provoqué cet Edit, & qui n'en différe l'enregistrement, sans doute, qu'afin de convaincre la partie de la Nation la plus prévenue, de la circonspection & de la maturité, avec lesquelles ce grand & solemnel Acte de justice aura été adopté & consommé.

1°. *L'état actuel des Protestans est celui d'une persécution véritable.*

Lorsqu'une Religion quelleconque est

établie dans un Royaume ; ou, pour faire ceſſer tout équivoque, lorſque les partiſans de cette Religion nouvelle ſont infiniment multipliés, quel parti reſte-t-il à prendre au Souverain, dont la Religion eſt la ſeule dominante ? Celui, où de faire main-baſſe ſur cette partie de ſes Sujets, ou celui de les bannir de ſes Etats, ou celui de les tolérer. Point de milieu. Graces au Ciel, on ne trouvera pas en France, un ſeul homme qui accéde au premier parti. L'Eſprit de Jeſus-Chriſt eſt trop connu. Ce n'eſt pas la mort, mais la converſion du pécheur qu'il déſire. Sa douceur ne lui permet pas d'éteindre la lumiere qui fume encore ; & Samarie, quoique rebelle & Schiſmatique, ne put provoquer ſes foudres. Les proſcrire ? ce ſeroit déſeſpérer de leur converſion, & rendre impoſſible celle de leur innocente poſtérité. D'ailleurs, le bien de l'Etat ne permet pas un ſacrifice, qui, en nous dépouillant, enrichiroit nos voiſins & nos rivaux. Il faut donc les fouffrir ; & nos Souverains en ont été tellement convaincus, que, dans l'année même de la révocation de l'Edit de Nantes, Louis XIV défendit l'Emigration des Proteftans, fous les peines les plus féveres, telles que la confifcation des biens, &c.

C'eft donc, non-feulement de l'aveu, mais de l'ordre même de nos Rois, que leurs Sujets Proteftans exiftent en France.

Mais examinons à quelles conditions. La bâfe de la fociété préfente & future eft le mariage. Or, les Proteftans ne peuvent, ni fe marier, ni fe reproduire fans être parjures. Se conformeront-ils à la Loi, qui déclare nul tout mariage, dont le Curé n'aura point été le Minif-tre & le témoin principal ? Ils font for-cés, contre le cri de la confcience & de l'honneur, de faire une profeffion fo-lemnelle & facrilége de la foi Catholi-que qu'ils méconnoiffent. Ne fe foumet-tent-ils pas à cette Loi ? Dès-lors, leur

union n'eſt plus qu'un affreux concubinage, leur poſtérité, privée de leurs
noms & de leurs biens, reſte pour jamais
livrée à toutes les horreurs de l'exhéréda-
tion & de la bâtardiſe.

François fanatiques, de bonne foi, s'il
en exiſte encore, vous déteſtez le Tri-
bunal de l'Inquiſition ; vous ne pouvez,
ſans frémir, entendre parler des bûchers
allumés, par ces vengeurs cruels & an-
ticipés de la divinité. J'applaudis à votre
indignation ; mais, l'oſerai-je dire ? la
perſécution qu'éprouvent en France vos
freres errans, quoique moins active &
moins ſanglante, n'eſt-elle pas, dans un
ſens, plus terrible, en ce qu'elle eſt plus
lente, plus froide, & plus univerſelle ?
En ce qu'elle compromet en même-temps
l'honneur, la conſcience, la propriété,
non-ſeulement de l'individu, mais encore
de toute ſon innocente poſtérité ? Je
crois donc avoir plus que ſuffiſamment
démontré, Monſieur, que l'état actuel
des Proteſtans, eſt celui d'une perſécu-

tion très-réelle ; puifque ces infortunés ne
peuvent, ni s'expatrier, fans tomber dans
l'indigence, ni refter parmi nous, fans
fe fouiller, ou du crime de parjure, ou
fans encourir la peine de l'infamie.

2°. Paffons au fecond article.

*Le Roi, comme légiflateur fuprême, peut
faire ceffer cette perfécution.*

Comme légiflateur fuprême ; c'eft de
fes Prédéceffeurs auguftes, que font éma-
nées les Loix relatives au mariage de
leurs Sujets. Le contrat civil dépend ex-
clufivement de l'autorité Souveraine. L'af-
foiblir fur ce point le plus capital, puifqu'il eft le fondement de la Société, ce
feroit fans contredit, une entreprife auffi
téméraire que déraifonnable. Le Souverain, comme protecteur du dogme &
de la difcipline, a des droits imprefcrip-
tibles fur l'adminiftration extérieure du
Sacrement de mariage ; mais il ne peut
partager avec perfonne, ceux qui concer-
nent le contrat & les effets civils ; c'eft
une fuite néceffaire de fa parfaite indé-

pendance au temporel ; c'est la doctrine du Clergé de France. D'après ces principes évidens pour tout homme instruit, & sacrés pour tout François fidele à son Prince ; qui doute que Louis XVI, revêtu de la plénitude de l'autorité de ses Prédécesseurs, ne puisse déroger aux Loix dont ils furent les auteurs, & déclarer par un Edit solemnel, que toujours animé du même esprit que ces Princes, le désir du bonheur & de la tranquillité de ses Sujets, il a cru devoir, attendu la différence des circonstances, déroger à la Loi, qui déclaroit le mariage nul, s'il n'étoit fait en présence du propre Pasteur, constitué ci - devant par la Loi, Ministre nécessaire & témoin principal du contrat civil ; que désormais ses Sujets non Catholiques, (car la justice & la politique ne souffrent point ici d'exception), pourront s'unir en présence des Magistrats ; que cette union sera légitime, & qu'elle aura conséquemment tous les effets civils. D'après une Loi si simple & si naturelle, les Protestans, & généralement tous les a-Catholiques, ne seront plus forcés au *parjure* ou à *l'infamie*. Leur existence en France, sera du moins utile & honorable. Plus de contradiction, dès-lors, entre la Loi qui les oblige de rester, & celle qui les dévoue, ou à la stérilité, ou au crime, ou à la flétrissure.

3°. *Si le Roi le peut, j'ose ajouter qu'il le doit.*

Ce langage, déplacé sans doute sur tout autre objet, ne peut l'être ici.

Si c'est une obligation de premiere nécessité pour tous les Souverains, que de veiller au bonheur de leurs Sujets, c'en est une bien plus impérieuse encore, que de les soustraire au crime & à l'infamie; & si cette maxime est, ou doit être celle de tous les Empires, on peut assurer que dans nos Rois, c'est un devoir, non-seulement d'Etat, mais de reconnoissance, à l'égard d'un Peuple qui les adore. Ajoutons encore, & c'est une obligation plus

particulière pour Louis XVI. Oui
Prince Augufte, votre Peuple n'eft point
ingrat. Il fait que, dépouillé de toutes
les paffions que votre âge & votre rang
femblent pardonner, & que tout ce qui
vous entoure, ne provoque, hélas, que
trop, vous n'avez que celle de faire fon
bonheur. A -t-il donc pu fans atten-
driffement & fans tranfports, voir toutes
les réformes que vous venez d'opérer pour
fon foulagement ? Il vous tient compte
de tout, & des facrifices faits, & de ceux
mêmes auxquels la pompe du premier
Trône du monde vous fait renoncer, malgré
l'averfion que vous infpire votre caractere
connu vrai, fimple & modéré, pour cette
vaine, mais néceffaire oftentation. Ce
bon Peuple, j'ofe le dire, partage vos
peines & vos follicitudes. Il admire cette
probité fans fafte, cette intégrité fans pré-
tention, ce goût précieux du bien &
d'une fage économie, qui vous caractéri-
fent. Il applaudit à vos défirs, lors même que
les circonftances ne vous permettent pas

de les réalifer, *nul Proteflant*, Monarque chéri, fur cet article? Cette efpece de Religion eft commune à tous vos Sujets. J'ofe donc le répéter : vous pouvez, & vous devez faire ceffer, une perfécution odieufe qui fubfifte depuis plus d'un fiecle ; & fur ce point effentiel, votre pouvoir, au moins égale votre défir. Que des craintes puériles & chimériques, que des fcrupules outrés ne fufpendent point vos juftes démarches. Il peut exifter fans doute, des motifs pour ne pas opérer tous les biens poffibles ; mais il n'en eft point, pour perpétuer une injuftice que votre cœur défavoue, & que votre fceptre peut & doit réprimer.

4°. *C'eft contre les intentions de Louis XIV & celles de Louis XV, que cette perfécution fubfifte depuis fi long-temps.*

Rendons hommage à ces deux Souverains. Ce feroit outrager l'évidence que de les calomnier. Mais on perfuada au premier, accoutumé à voir tout plier, fous une autorité, que d'ailleurs, il rendit

dit

dit si respectable, que les Protestans ne donneroient pas de bornes à leur obéissance, & qu'ils abjureroient, ou que, dans tous les cas, leurs enfans seroient acquis à la Religion. (L'arrêt du Conseil, du 15 Septembre 1685, annonce assez ses dispositions). Et l'on en imposa au second, le plus humain & le plus bienfaisant de tous les hommes, la source & le modéle de la tolérance & de la simplicité de notre siecle, en lui dissimulant le nombre des Protestans, & en l'assurant qu'il n'en existoit pas assez en France pour provoquer une Loi générale. (L'Edit de 1724 en est la preuve). Delà la perpétuité d'un abus, ou plutôt d'une persécution funeste, si contraire aux principes d'équité, qui constamment dirigerent ces deux Souverains; en donnant enfin un terme à cette vexation, ce ne sera point outrager leur mémoire, mais ce sera remplir leurs intentions, demasquer & confondre les vains efforts de ceux qui, probablement animés par des vues bien

B

étrangeres à la Religion, flatterent la grandeur de Louis XIV, & surprirent la bienfaifance de Louis XV.

5°. *C'eſt l'intérêt de l'humanité.* Quoi de plus contraire à cette humanité sacrée, dont on paroît aujourd'hui vouloir dégrader jusqu'au nom, (comme si la Loi de grace ne repofoit pas fur la Loi de nature, & n'en étoit pas le complément & la perfection); quoi de plus contraire, dis-je, à l'humanité, que d'en étouffer le cri le plus puiſſant, & que d'en éluder le vœu le plus ancien & le plus indeſtructible; le déſir d'une union légitime, & d'une réproduction honorable? Telle eſt cependant la ſituation de nos freres errans, placés dans la funeſte alternative, ou d'une ſtérilité éternelle, ou d'un concubinage monſtrueux, ou d'un parjure également odieux dans toutes les Religions, & parmi tous les Peuples policés.

6°. *C'eſt l'intérêt de l'Etat.* Une population nombreuſe, heureuſe & légitime.

(19)

Tel est le but d'une sage législation. Le moyen de parvenir, & de concilier ce but avec des unions vagues & nulles, & avec la multiplication journaliere d'êtres proscrits & flétris par la Société dès le premier instant de leur existence ! Que la persécution fatale subsiste, calculons - en les suites redoutables. Les Protestans, qui toujours espérerent, convaincus que l'ad-ministration, désormais éclairée sur la docilité prétendue, qui en avoit imposé à Louis XIV ; sur leur nombre que l'on avoit dissimulé à Louis XV ; les Protes-tans, convaincus que cette administration, ne peut ou ne veut point remédier à un abus connu & démontré, dans l'injustice de sa source, & le danger de ses effets, épieront le moment de s'expatrier sans compromettre leur fortune. Bien assurés que les circonstances ne seront jamais plus favorables, & que jamais le Trône ne sera occupé par un Prince plus juste & plus sensible que Louis XVI, (Dieu en est témoin, que ma plume exprime ici fidé-

B ij

tement ma pensée) ; ils déserteront une patrie, devenue pour eux une marâtre cruelle ? Et quelle suite ne doit point avoir une émigration, si justement, si sciemment provoquée, dans un instant, où tous les Souverains, devenus tolérans, ou par conviction, ou par intérêt, ouvrent leur sein à toutes les sectes, & joignent à la sûreté la plus complette, tous les avantages qui peuvent dédommager un Citoyen expatrié ? Ajoutons à cette Emigration prévue & inévitable, la perte de tant de familles, laborieuses & honnêtes, que des circonstances malheureuses repoussent vers le climat heureux de la France ; & calculez, s'il se peut, toutes les pertes que causeroit dans ce moment à l'Etat, un refus, qui d'ailleurs, ne seroit pas moins funeste à la Religion. Et c'est le septieme objet à démontrer.

7.º *Quel est en effet l'intérêt le plus pressans, l'intérêt unique de la Religion?*

Cette divine fille du Ciel, ne repose

momentanément fur la terre, que pour
en ramener tous les habitans à l'unité.
Ut omnes unum fint ficut & nos unum fumus.
Mais pour parvenir à cette fin précieuse,
quels moyens indiquent le bon fens & la
raifon ? Quelle fut la conduite de l'homme-
Dieu ? Quelle eft celle de l'Eglife, fixée
fur les traces, & guidée par l'efprit de
fon divin Légiflateur ? Convenons - en
d'abord. La raifon ne triomphe ordinairement des hommes que par la douceur,
la modération & la patience. Si l'efprit,
d'après la maxime d'un grand homme, eft
fi fouvent la dupe du cœur, ne faut-il
pas commencer par calmer l'un pour éclairer l'autre ? Hélas ! deux cens ans & plus
de perfécutions, nous ont trop efficace-
ment appris que l'aigreur, la contention
& l'injuftice ne ramenoient pas les hommes à la vérité.

Jefus - Chrift annonçoit au Peuple le
myftere augufte de l'Euchariftie, fur lequel principalement, le Catholique & le
Proteftant font aujourd'hui divifés. Une

partie de ſes Diſciples ſe ſcandaliſe, &
l'abandonne. On croit lire l'hiſtoire de
nos freres errans. Jeſus-Chriſt regarde les
autres avec douceur, & leur adreſſe ces
paroles à jamais mémorables : *Et vous
auſſi, voulez-vous me quitter. Numquid &
vos vultis abire* ? Liſez l'Evangile. Cet
homme - Dieu s'occupe bien à tracer à
ſes Apôtres, la conduite qu'ils doivent
garder dans les perſécutions qu'il leur annonce ; mais il garde le ſilence le plus
parfait ſur les regles à obſerver, lorſqu'ils ſeront eux - mêmes perſécuteurs.
Maître abſolu du Ciel & de la terre, il
pouvoit aiſément faire deſcendre du Ciel
pour ſa défenſe, pluſieurs milliers de
légions d'Anges ; & il ordonne à Pierre,
de remettre dans ſon fourreau l'épée,
qu'un zele indiſcret lui avoit fait tirer.
Conſtamment fideles à ſon exemple & à ſes
inſtructions, ſes Diſciples ne ſavent que
mourir ; & lorſque dans le quatrieme ſiecle, les Evêques Idace & Ithace, pro-
voquent le glaive de l'Empire contre

l'héréfie des Prifcillianiftes, bien plus
odieux fans doute que les Proteftans, ils
font retranchés de la Communion de l'E-
glife, dont leur zele amer fait blafphé-
mer la douceur; & S. Martin, le plus
faint des Evêques des Gaules, fe repro-
che toute la vie la foibleffe qu'il avoit
eue, quoique par un motif bien refpecta-
ble, d'admettre paffagérement à fa Communion, ces bourreaux cachés fous
l'habit de Pafteurs. L'intérêt de l'Eglife
n'eft donc point équivoque dans ce moment; & puifqu'elle doit tout facrifier,
pour faciliter le retour des Proteftans,
elle doit applaudir à la fageffe du Monarque, qui fait ceffer une perfécution,
qui les éloigne de fon fein & de fon
unité.

8°. L'intérêt *des Pafteurs* du premier &
du fecond Ordre, doit également hâter
ce moment heureux.

Il n'exifte que trop d'occafions, dans
lefquelles le Miniftere Apoftolique & la
Magiftrature, avec les intentions, d'ail-

leurs, les plus pures de part & d'autre,
se croisent mutuellement. Faut-il par des
Loix contradictoires & impraticables les
multiplier encore? Que de combats livrés depuis un siècle entre les Pasteurs
jaloux, de maintenir le respect dû aux
Sacremens, & les Magistrats jaloux aussi,
de faire observer les Loix, & de protéger
l'honneur des Citoyens? Qu'elle est en
effet délicate & critique, la position d'un
Pasteur forcé, en quelque sorte, par la
Loi civile de conférer un Sacrement à
l'homme, qui sous le voile du parjure,
vient masquer son hérésie! Changez donc
enfin la situation du premier, compromis
dans son état, son ministere, & sa juste dé-
licatesse; & dispensez le second d'une Loi,
l'inévitable écueil de sa conscience & de
son honneur.

9°. *C'est encore l'intérêt des Magistrats.*

Obligés d'obéir à la Loi dont ils ne
font que les organes & les interpretes,
placés entre la Loi naturelle qui les em-

pêche de flétrir des unions respectables,
& la Loi du Prince qui déclare ces engage-
mens nuls ; depuis plusieurs années, ils
repoussoient des collatéraux avides & dé-
naturés, par une fin de non-recevoir,
ils éludoient ainsi la Loi, qu'ils ne pou-
voient ni exécuter ni proscrire ; mais cette
Jurisprudence, directement contraire aux
termes de la Loi, pouvant varier selon
les circonstances du crédit & de l'opinion,
faut-il s'étonner que le Parlement de Paris, justement épouvanté d'une contradiction, qui livroit à l'arbitraire l'état, la
fortune, & l'honneur d'une foule de Citoyens honnêtes, & le forçoit ainsi que
toutes les Cours du Royaume, à être, ou
prévaricateur, ou injuste ; faut-il s'étonner, dis-je, que l'auguste Cour des Pairs,
se soit enfin décidé à éclairer le Trône.
C'est donc encore l'intérêt avoué des Magistrats. C'est *enfin* celui de *tous les Catholiques* répandus & dispersés dans les
Royaumes étrangers à l'Eglise.

Sans doute, cette chaste Epouse de Jesus-Christ, qui seule posséde la mission, l'enseignement & l'infaillibilité, devroit triompher dans tous les lieux ; mais dans combien d'Etats n'est-elle pas étrangere ? Funestes Egoïstes, qui jouissez de la paix & du repos, sous la protection du Fils aîné de l'Eglise, & qui, sous de vains prétextes, voulez enchaîner sa justice, ne craignez-vous donc pas que vos freres errans ne marchent sur vos traces, dans les Royaumes où ils dominent ; & puisque des Loix sages & modérées, n'enlevent point à vos freres Catholiques, les droits imprescriptibles qu'ils tiennent de la nature, est-il une conduite plus inconséquente & plus imprudente, que de leur refuser parmi vous la même tolérance ? Lorsque vous seuls habiterez la terre, selon l'expression du prophete, suivez alors, suivez les mouvemens d'un zele amer, impétueux & fanatique ; mais en attendant ce moment heureux, puisque vos freres reposent à l'ombre des Trônes, sur lesquels l'erreur est assise ; trouvez bon que par une juste réciprocité, vos freres errans trouvent le même asyle, à l'ombre d'un Trône sur lequel sont assises, par une alliance heureuse, & l'humanité, & la vérité.

A tant de motifs, fondés sur la justice & le devoir, comme sur l'intérêt général & particulier, que peut-on opposer de solide ? quelques objections, en sont la suite.

Ne craignons pas de nous répéter, & ne perdons pas de vue le véritable état de la question. Il ne s'agit point ici de savoir, si l'on doit accorder un culte public, & des temples aux a-Catholiques ; s'ils doivent même jouir des charges, des distinctions, & des honneurs réservés aux autres Citoyens ; moins encore avons-nous à discuter ce point capital : faut-il révoquer la révocation de l'Edit de Nantes ? Mais doit-on perpétuer la double Loi, qui d'une part, les forçant, sous les peines les plus graves, à rester parmi nous, les prive non-seulement des droits de Citoyens, mais de ceux même de la nature, que suivent,

nulle autorité, ni divine ni humaine, ne
peut légitimement leur enlever le droit
de s'unir, & de se reproduire d'une maniere
utile & honorable ; & la Loi, qui, de
l'autre, désigne le propre Pasteur comme
le Ministre exclusif du mariage.

Vous voyez, Monsieur, que dans le
cas même où je ne pourrois répondre à
quelques objections, ce dont je suis loin
de convenir, cette premiere partie res-
teroit parfaitement intacte & démontrée,
puisque l'espoir de tous les avantages pos-
sibles, ainsi que la crainte des dangers
les plus imminens, ne peuvent autoriser
une injustice évidente, positive, réelle &
volontaire.

Passons à la seconde partie, celle des
objections. Ne craignez pas, Monsieur,
que je les affoiblisse, ce seroit mal-à-
propos se défier de ses forces, & la justice & la raison n'ont rien à dissimuler.

Toutes les objections que dans les écrits
ou dans les cercles, la circonstance actuelle
a fait éclore, me semblent se réduire aux
suivantes.

1°. La conduite ancienne des Protestans.

2°. Leur doctrine persévérante.

3°. Leur union actuelle avec le Jansénisme & le philosophisme.

4°. Leurs espérances futures.

5°. Le danger de l'Etat.

6°. Le danger de la Foi.

7°. L'opprobre répandu sur la mémoire des derniers Rois.

8°. La nécessité d'un culte dans l'hypothèse des mariages légitimés.

9°. La nature du mariage essentiellement cérémonie religieuse.

10°. Le danger d'innover dans un moment où tout est tranquille.

Discutons froidement ces différentes objections.

1°. *La conduite ancienne des Protestans*, & les conséquences que l'on en tire. Six regnes orageux, quatre batailles sanglantes, sept à huit guerres, des massacres généraux & particuliers. Tels sont les faits articulés contre les Protestans. Donc on doit priver ceux qui exiſtent du droit de s'unir légitimement. Cette conſéquence ne me paroît point juſte, & que de réponſes ſe préſentent en foule !

Et d'abord, pourquoi faut-il que les Proteſtans actuels ſoient punis des crimes de leurs peres, ou plutôt de ceux qui profeſſoient la même doctrine qu'eux, il y a plus d'un ſiecle ?

Que penſer du raiſonnement d'un Proteſtant qui concluroit ainſi : la plus grande partie des moines ont applaudi au parricide commis dans la perſonne d'Henri III, donc, il faut dépouiller les moines qui exiſtent aujourd'hui, qui ſont très-ſoumis & très-fideles à leur Souverain, des droits les plus naturels. La plus grande partie des Pariſiens ſe livrerent aux Anglois, combattirent Charles VII, & couronnerent Henri VI, Roi de France & d'Angleterre : les Pariſiens méconnurent Henri IV d'abord, & ſe livrerent aux Eſpagnols, donc il faut punir les Pariſiens actuels, quoiqu'adorateurs de leurs Rois , de la double révolte de leurs peres.

Mais d'ailleurs qui ne sait que l'ambition & la rivalité des grands se parerent dans ces temps malheureux du masque de la Religion de part & d'autre ! Un siecle & demi de soumission , malgré des persécutions fréquentes , ont dû faire oublier des fautes étrangeres aux Protestans du jour.

Le fanatisme , comme les volcans , n'est point éternel.

La persécution & l'injustice l'exaltent ; la justice , la modération & la tolérance le désarment.

Ce n'est rien prouver d'ailleurs, que de trop prouver. D'après des pronostics aussi funestes , l'existence telle que celle des Protestans en France , ne devroit pas se tolérer. Il faudroit les en bannir pour jamais.

Mais , dira-t-on , cette secte indocile , par des éruptions fréquentes & journalieres ! n'annonce que trop ses dispositions !

Quoi, d'après des faits particuliers, isolés, rarement constatés, souvent controuvés, communs souvent aux Catholiques & aux Protestans, provoqués par un zele amer & sur-tout désavoués par le parti tout entier, on se permettra de calomnier généralement tous les Protestans ?

Est-ce donc par des inculpations odieuses & téméraires, que l'on défend une cause qui n'est ni celle de l'Etat, ni celle de la Religion ?

Une objection plus séduisante, mais aussi peu fondée, se tire,

2°. *De la doctrine actuelle des Protestans*, essentiellement, dit-on, opposée au gouvernement monarchique, & d'ailleurs indocile & rebelle par principes.

Double assertion à discuter dans le fait, & dans le droit. Dans le fait, le Calvinisme domine à Genève & dans la Hollande, mais la nouvelle réforme a-t-elle

secoué

secoué le joug de l'autorité monarchique
en Angleterre, en Suede, en Dannemarck &
en Prusse, & dans les Electorats qui ont ab-
juré la foi Catholique ? les Protestans dont
l'existence civile & le culte sont autorisés
dans l'Alsace, en sont-ils moins soumis
au Roi ? Les Catholiques ont - ils à s'en
plaindre ?

Ce plan formé pour partager la France
en huit cercles, n'est-il pas plutôt, d'après
les historiens les plus instruits & les plus
judicieux, le dernier soupir du regne
féodal expirant, que le résultat du systême
des Protestans ?

Quant au droit que les Protestans au
Synode de Lyon en 1563, aient autorisé
la révolte pour le fait de la Religion que
le fanatique Jurieu, également méprisé
dans tous les partis, ait encore, sur la fin
du dernier siecle, osé seul justifier cet
étrange paradoxe; c'est ce qu'il n'est pas
possible de se dissimuler. Et M. Bossuet, dans
son cinquième Avertissement, le prouve

avec autant de force que d'éloquence. Mais convenons aussi que, sur ce point, comme le remarque ce grand homme, le Proteſtantiſme a varié, que l'univerſalité des Prétendus Réformés n'a point admis le Synode de Lyon; que depuis plus d'un ſiecle leur conduite, conforme à leur croyance, a été fidelle; que la révolte locale & momentanée des Camiſards fut improuvée & déteſtée par le très-grand nombre; que la légitimité de la révolte ne forma jamais une partie de leurs Symboles & de leurs Catéchiſmes, qu'il n'en eſt aucun parmi nous, qui ne proſcrive ce ſyſtême ſéditieux, & qu'enfin leur perſévérance avouée, malgré la perſécution, dans la Doctrine du Proteſtantiſme, devient un gage non-ſuſpect de leur véracité dans le déſaveu de l'erreur qu'on leur imputeroit aujourd'hui ſur cet article.

3°. Pour juger des diſpoſitions des Proteſtans dans le moment actuel, il ne faut, dit-on , que confidérer leur union avec le philofophifme & le Janfénifme.

Voilà fans contredit une alliance bien extraordinaire ! il exifte des philofophes en France, mais jamais ils n'ont formé de corps. Quelques écrivains téméraires , il eft vrai , ont ofé blafphêmer la Religion, mais divifés entr'eux , & fouvent avec eux-mêmes, comme l'a fi bien démontré le favant Abbé Bergier , rien de moins uniforme que leur doctrine , & c'eft même cette oppofition de fentimens , & ce défaut d'unanimité , qui fournit contr'eux les armes les plus efficaces ; & par quel phénomene, par quel acte de confédération viennent-ils donc de s'affocier avec le Proteftantifme, qui journellement les combat avec fuccès ; qui , fans doute , méconnoît quelques-uns de nos myfteres , mais ne les a certes pas tous abjurés , & qui, fous ce point de vue, differe abfolument de fyftême , d'intérêt, de principes , & de conduite.

Le Janfénifme uni avec le Proteftan-

tifme! il faut donc avouer que les Jan-
féniftes fe font bien éloignés des
principes de leurs chefs les plus céle-
bres. Et qui jamais combattit plus vi-
goureufement les Proteftans, que les
favans folitaires de Port-Royal? Le Janfénifme uni avec le philofophifme! Je ne
fuis ni philofophe ni Janféniste, mais j'a-
voue que ce traité me paroît tout-à-fait
curieux, & je crois qu'il pourroit un jour
faire le pendant de la fable de Bourg-
fontaine.

A fuppofer d'ailleurs vrais tous ces faits
incroyables & contradictoires, & malgré
des torts préfumés fi graves de la part des
Proteftans, encore, ne faudroit-il pas punir ceux qui s'expatrient, ou ne pas les
placer, s'ils reftent, entre le parjure &
l'infamie.

4°. Mais fi vous légitimez l'union des
Proteftans, cette premiere grace, (&
déja ils s'en flattent, & s'en vantent) en
entraînera mille autres, les charges, les
diftinctions, le culte public, les temples

les bénéfices, les dîmes, les féminaires,
les écoles, l'éducation des Rois, tout de-
viendra la proie de ces avides fectaires ;
voilà des conquêtes bien rapides & bien
multipliées !

Mais d'abord ce que vous appelez une
premiere grace eft un acte de juftice que
l'on ne refufe à perfonne, & dès-lors difpa-
roiffent toutes ces prétentions chimériques
que ne follicitent point les Proteftans, &
que dans toute hypothèfe, le Roi ne paroît
pas difpofé à leur accorder. Avec de pa-
reilles probabilités, & le goût des pré-
dictions, toute la marche de la fociété
feroit fufpendue, & il faudroit fe con-
damner à un repos éternel, qui lui-même
ne feroit pas fans inconvéniens. En un
un mot, les Proteftans demandent une
chofe jufte, il faut la leur accorder : quand
ils demanderont des graces, s'ils en font
dignes, & que la prudence le permette
on leur accordera ce que, dans une fup-
pofition contraire, on leur auroit refufé.

5°. Mais en accordant aux Proteftans

une union légale, n'est-il pas à craindre qu'ils ne se multiplient, ne demandent, les armes à la main, les priviléges que vous réservez exclusivement aux Catholiques, & que la tranquillité de l'Etat ne soit altérée?

Mais quoi? depuis un siecle, les Protestans persécutés sont fideles; par quelle inconséquence, la cessation d'une injustice les rendroit-elle tout-à-coup rebelles?

Avec une politique si prévoyante, ne faudroit-il pas user des mêmes précautions que Pharaon, noyer leur innocente postérité, & les accabler des travaux les plus vils, & les plus multipliés?

Osons mieux espérer de nos freres errans. Tant de prudence peut bien entraîner quelques soins, mais ne peut & ne doit jamais autoriser une barbarie.

6°. Les Catholiques ne seront-ils pas tenté de s'enrôler sous les drapeaux du Protestantisme?

Autre sophisme qui se réfute de lui-même par une double question ?

Quels Catholiques seront tentés de se réunir aux Protestans, & par quels motifs le feroient-ils ?

Les Catholiques dont la foi & les mœurs sont purs, ne seront pas tenté d'abjurer la Religion; cela est convenu.

Les Catholiques convaincus, quoique d'ailleurs dépravés dans leurs mœurs, seront également fideles à la Religion de leurs peres, puisque d'une part, ils sont en effet persuadés, & que de l'autre, ils ne trouveroient chez les Protestans, ni la justification de leur conduite, réprouvée par la morale des deux religions, ni le voile de leur libertinage, puisque l'Edit restreint aux seuls Protestans la légitimité de l'union en présence des Magistrats, & que de plus ils perdroient gratuitement les priviléges réservés aux seuls Catholiques.

Voilà donc encore une digue pour cette classe.

Restent les Catholiques qui n'en portent

littéralement que le nom, auxquels toute
fecte eſt en elle-même parfaitement in-
différente : mais quels motifs auroient-ils
de profeſſer la religion Proteſtante ? iront-
ils chercher dans une religion nouvelle le
privilége de ſe diſpenſer du culte, des
jeûnes, des abſtinences, de l'uſage des
Sacremens ? mais ce funeſte privilége, ils
en jouiſſent, & en adoptant extérieure-
ment ſans aucun avantage réel, un culte
nouveau, renonceront-ils à toutes les
prérogatives attachées au culte dominant ?
Qu'avant la révocation de l'Edit de Nantes,
on ait vu quelques Prêtres & quelques
Moines, aller chercher dans le ſein du Cal-
viniſme la diſpenſe des vœux ou des pro-
meſſes conſignées entre les mains de l'E-
gliſe, ce phénomene n'avoit rien d'éton-
nant ; mais qui penſe à faire revivre dans
toute ſon intégrité l'Edit de Nantes, auſſi
prudemment dicté par Henri IV, que juſ-
tement révoqué par Louis XIV ?

7º. Et ce dernier mot eſt une réponſe
aux alarmes ſemées autour du trône,

comme si l'Edit actuel devoit flétrir la mémoire de Louis XIV, ce grand Roi, dont la
perſonne & les actions ont été peut-être
trop flattées dans le temps, mais certes
ſont trop amérement cenſurées dans celui-
ci. Tranchons le mot avec un illuſtre Ma-
giſtrat auſſi ſavant que modéré.

Louis XIV n'a point flétri la mémoire
d'Henri IV, en révoquant l'Edit de Nantes.
Ce qu'Henri IV a pu accorder aux Proteſtans décidé par les circonſtances, Louis XVI
en vertu de circonſtances différentes, a pu
le révoquer. Mais quelle eſt, dira-t-on,
cette morale verſatile dont les circonſtances font varier, & même peuvent légitimer les démarches ?

Lorſqu'un traité paſſé entre le Souverain & ſes Sujets, dicté par la néceſſité,
extorqué par la force, établit dans un Etat
une puiſſance rivale de celle qui doit être,
je ne dis pas ſeulement prépondérante,
mais eſſentiellement unique ; lorſque ce
traité prépare & provoque dans tous les
inſtans le malheur des deux parties con-

tractantes, lorsqu'il dénature un gouvernement établi, & continué fans interruption depuis quatorze fiecles; qui doute que l'autorité, la feule légitime, venant à prévaloir, ne puiffe, fans effufion de fang, reprendre fa place naturelle, & prévenir les révolutions inévitables qu'une fituation auffi critique devoit & pouvoit tôt ou tard entraîner. Ce que le particulier peut réclamer juftement contre un traité violent & forcé, un grand Monarque, pour la confervation de fon peuple, la *loi fuprême* ne le pourra-t-il ? Concluons. Louis XIV n'a point flétri la mémoire d'Henri IV, fon aïeul, Louis XVI ne flétrira point celle de Louis XIV, fon quatrieme aïeul, ni celle de Louis XV fon prédéceffeur. Les circonftances auront également déterminé ces quatre Monarques, toujours animés du même efprit. Henri IV fera toujours l'idole de fa Nation, Louis XIV toujours Grand, Louis XV toujours humain ; & Louis XVI, convaincu par l'expérience d'un &

de plusieurs siecles, que la douceur est plus efficace que la violence, & que la persécution n'a point altéré la fidélité d'une portion considérable de ses Sujets, leur rendra un droit dont ils ne furent privés sous ses deux prédécesseurs, que par une double erreur de fait, aujourd'hui parfaitement constatée.

8°. Mais quelle inconséquence, nous dit-on, & cette objection mérite une discussion sérieuse, quelle inconséquence, que celle de d'accorder une existence *aux Protestans, & de leur refuser un culte?*

Le culte n'est-il pas le premier devoir de l'homme raisonnable, & le culte public n'est-il pas essentiel à toute société? D'ailleurs un peuple entier restera-t-il sans lumieres, sans instruction & sans consolation? Le sort des Protestans ne seroit-il pas, dans cette hypothèse, plus cruel & plus funeste, que celui des Sociétés les moins civilisées, & que celui des sauvages mêmes de l'Amérique septentrionale? Accordez-vous, continue-t-on, avec

vous-même ; & puisque vous prétendez
qu'il est du devoir d'un Souverain de ne
pas refuser aux Protestans le premier be-
soin de la nature, celui de se reproduire
légitimement , n'étouffez pas en eux son
premier mouvement , le cri & la presta-
tion de leur hommage public au Dieu de
l'univers & au médiateur qui leur est com-
mun avec vous ?

Je ne crois pas avoir affoibli cette objection ; c'est une suite de ma bonne foi,
& de l'intime conviction où je suis que
Louis XVI ne sera point inconséquent ,
en accordant aux Protestans une union
légitime , & en leur refusant la publicité
du culte : daignez, M. , peser les raisons
qui ont déterminé ma façon de penser.

Commençons par distinguer le culte
public & le culte particulier. Toute ad-
ministration qui permettroit, ou même or-
donneroit l'existence d'un très - grand
nombre d'individus , & les priveroit de ce
culte particulier, seroit sans doute injuste,
tyrannique & imprudent, puisqu'en effet

il plongeroit cette partie de ses sujets dans
l'ignorance d'abord, dans l'indifférence,
& même tôt ou tard dans l'athéisme, le
pire de tous les états pour les particuliers comme pour la Société ; puisque
l'athéisme ravit à l'homme jusqu'à la derniere ressource des malheureux : l'espé-
rance. Mais quant au culte public, je suis
bien éloigné de le croire aussi essentiel
pour le maintien d'une créance quelcon-
que, que la légitimité des unions que sol-
licitent les Protestans pour le maintien
des droits de la nature.

Les premiers Chrétiens, pendant plusieurs siecles, quoique répandus dans toutes
les parties du monde, d'après tous les
Monumens profanes & ecclésiastiques,
n'avoient pas de culte public, & certes
les Protestans, comme les Catholiques,
conviendront que jamais le Christianisme
ne fut aussi florissant, puisque sans cesse,
ils nous rappellent à ces premiers temps.
Les Protestans eux-mêmes, depuis la révocation de l'Edit de Nantes, ne se font

ils pas maintenus dans leur créance ? Ont-ils, pendant ce siecle, manqué d'instructions & de consolations, quoique assurément leur culte ne fût rien moins que public ?

Qu'à cet égard donc, ils restent tolérés. Ne resserrer, ni ne dilater leurs liens, c'est assurer leur repos & le nôtre ; c'est conserver à la Religion du Prince, qui dailleurs est la véritable, la prépondérance qu'elle doit avoir ; c'est mettre les Protestans dans le même état où sont les Catholiques, dans la plupart des Royaumes livrés à l'erreur. C'est, puisqu'il faut en convenir, prévenir les suites de cette ondoyante mobilité qui nous élance avec fureur vers tout ce qui porte le caractere de la nouveauté dans tous les genres, en fait de mode, de systêmes & d'expériences, comme en fait de Religion.

9°. Dans le cas, nous dit-on, où vous permettriez aux Protestans de former un engagement civil, en présence du Magistrat ou du Pasteur, en avez-vous bien pesé

les inconvéniens ? N'allez-vous pas méta-
morphofer une cérémonie religieufe chez
toutes les nations, en cérémonie abfolument profane ? Les Proteftans eux-mêmes
qui, dans le naufrage de leur foi, ont encore confervé quelque refte de créance, &
ne partagent point ou ce mépris, ou cette in-
fouciance générale, répandue dans ce fiecle
malheureux fur les objets de la Religion,
ces Proteftans, refpectables fous ce point
de vue, foufcriront-ils à une conceffion
qui ne les fouftrait au parjure, que pour
les affujétir à une cérémonie profane ?
Déja, dit-on, plufieurs d'entr'eux, &
certes (on cite de grands noms) s'en font
expliqués affez ouvertement, & préférent
l'état actuel à un avantage funefte, qui
ne tend qu'à étouffer en eux les reftes
de la Religion : l'objection me paroît
foible, & l'anecdote au moins douteufe ?

Et d'abord ce que les Proteftans qui
ne s'adreffoient point au Curé, faifoient
fans fcrupule depuis cent deux ans, pourquoi ne le continueroient-ils pas encore ?

Est-ce détériorer leur sort, que de légiti-
mér leur union auparavant nulle d'après
la loi? Qui les empêchera, lorsqu'ils se
feront présentés à la personne que leur in-
dique le Souverain, de bénir, de con-
sacrer cette union à leur maniere, &
de revêtir de toutes les formes d'usage,
la cérémonie purement civile qui aura
précédé ?

Les Catholiques tolérés dans les Royaumes étrangers, ne suivent-ils pas cet usage?
& après avoir, en présence du Magistrat,
scellé par le contrat civil, le contrat de
la nature, ne viennent-ils pas aux pieds
de leurs Ministres, réclamer sur cette union
naturelle & civile, la bénédiction du ciel
préparée par J. C., pour sanctifier cet acte
le plus important de la vie & de la société : à supposer donc l'anecdote vraie,
elle n'annonce que des scrupules respectables assurément dans leur source, mais
dont le remede est d'ailleurs dans leurs
mains, comme dans celles des Catholiques,
depuis plusieurs siecles.

10°.

10°. Reste enfin la derniere objection. *Tout est tranquille* dans ce moment du côté des Protestans, pourquoi innover? pourquoi provoquer la tempête, quand on jouit du calme? des têtes bien organisées craignent pour le repos de l'Etat. Les ames pieuses s'allarment pour le dépôt de la foi. Les passions déja fermentent, le fanatisme se renouvelle. Nous connoissons les inconvéniens de notre situation présente; redoutons ceux qui nous menacent en la changeant.

D'après ces principes vagues & généraux, & qui peuvent également caractériser l'indifférence, la peur, la prudence ou l'apathie, il n'est aucun abus qui ne fut éternel.

Tout est tranquille aussi dans cette vaste Capitale, lorsque l'innocence méconnue ou calomniée tombe sous le glaive de la justice abusée! & ne fait entendre ses accens plaintifs qu'au petit nombre de témoins qui entourent son échafaud!

Tout est tranquille sur le rivage, lors-

D

que la tempête est prête à engloutir sur la côte mille de vos infortunés concitoyens!

Tout est tranquille, lorsque, depuis un siecle, un million de vos freres errans, gémissent sous le poids d'une persécution sourde & cruelle!

Tout est tranquille, lorsque vous détruisez le fondement d'une population honorable & nombreuse.!

Tout est tranquille lorsque vous aigrissez des cœurs que la douceur, la justice & la modération devoient ramener sous l'étendard de la Religion !

Tout est tranquille, lorsque les Sacremens sont indignement profanés; lorsque les Pasteurs, jaloux de maintenir le respect dû à ces sources de bénédictions, craignent de compromettre, ou leur ministère, ou leur sûreté; lorsque les Magistrats se trouvent dans la dure alternative de prévariquer ou contre la loi positive, ou contre la loi naturelle!

Tout est tranquille, lorsque la foule des Catholiques répandus dans les Royaumes séparés de l'unité, attendent avec impatience une décision qui doit ou adoucir, ou aggraver leur situation !

C'est un oreiller bien doux, que la distraction sur les maux qui nous sont étrangers !

Concluons, Monsieur, & applaudissons à la bonté du Roi, dans le cœur duquel tous ses sujets ont accès.

Applaudissons à sa justice qui ne veut point éterniser une persécution cruelle ! applaudissons aux Ministres qui l'entourent, & qui partageant sa sensibilité, partagent aussi notre reconnoissance. Applaudissons enfin aux Magistrats. Leur démarche, lors de l'assemblée des Notables, est un gage de leur opinion, & leur lenteur dans ce moment, un témoignage non moins assuré de leur circonspection ; la sagesse du Monarque, secondée de leur zele, de leur expérience & de leurs lumieres, saura pourvoir à tout. Soit que les Protestans & tous les non-Catholiques, pour légitimer leur union, soient adressés aux Curés ou aux Magiſtrats, ſoit que leurs bans ſoient publiés par le Paſteur ou par le Commiſſaire du Prince, ſoit que ces bans ſoient proclamés ou affichés, ſoit que le baptême de leurs enfans ſe célébré dans l'Egliſe, ou parmi eux, l'Etat & la Religion ne peuvent qu'applaudir à ce grand acte de juſtice.

A Paris le 8 Janvier 1788.

F I N.